Miriam
Falkenberg

Träum weiter

Hoffnungs-gedichte

echter

Der Umwelt zuliebe verzichten wir bei diesem Buch auf Folienverpackung.

Bibliografische Information der Deutschen Nationalbibliothek

Die Deutsche Nationalbibliothek verzeichnet diese Publikation in der Deutschen Nationalbibliografie; detaillierte bibliografische Daten sind im Internet über http://dnb.d-nb.de abrufbar.

1. Auflage 2024

www.echter.de

Gestaltung: Crossmediabureau, Gerolzhofen
Umschlagbild: Marti Faber
Druck und Bindung: CPIbooks – Clausen & Bosse, Leck

ISBN 978-3-429-05975-0

Miriam Falkenberg

Träum weiter

Inhalt

47 2 Mitten im Leben
Der Jahreskreis mit Jesus Christus

69 3 In guter Hoffnung
Anfang und Ende des Lebens

manchmal kommst Du
nicht sofort
dann schickst Du jemanden voraus
einen Boten oder Zeugen

1
Mein Herz ergreifend Gedichte an Gott und die Welt

Träum weiter

Träum weiter
von der neuen Erde
und dem neuen Himmel
und mal ihn dir
in allen Farben aus
deinen Traum

damit die Erde
nicht stecken bleibt
im Alptraum
von Ausbeutung
und Herrschaft

träum unbedingt weiter
damit dir die Kraft zum Handeln
damit dir dein Licht
nicht ausgeht

träum weiter
in einen neuen Morgen hinein

tu so
als käme es in erster Linie
auf dich an

hoffend
dass wir viele sind

vertrauend
dass der Schöpfer
Wort hält

dass er sich
einschreibt in unsere Geschichte

die verheißene Geschichte
des Heils

Dein Rufen und Werben

Dein Rufen und Werben
Deine Leidenschaft und Dein Mit-Leiden
Deine Zärtlichkeit und Dein Zorn

Deine Namen und Deine Adresse
direkt neben der meinen
Gott

sperrangelweitoffen
stehen mir deine Türen

Du Menschenfreundin
wider alle Vernunft

In jedem Menschen

in jedem Menschen
Gott suchen und finden

manchmal
gut verborgen
hinter einer Fassade
aus Aggression
dahinter ein Gebäude aus Angst

hinter einem Ausdruck von Hass
dahinter eine Sehnsucht nach Liebe

Gott
ist ein Schatz
der gefunden werden will

sagt Rumi
der Universalmystiker

wo dein Schatz ist
ist auch dein Herz

sagt Jesus

und geht auf jeden Menschen zu
und schaut direkt
in ihn hinein

Dein großes Schweigen

Dein großes Schweigen
Gott
wenn meine Klagen und Bitten
wie Flammen
im Wasser verzischen

meine drängenden Fragen
an einer Mauer abprallen

die erbetenen Ratschläge ausbleiben
meine Bemühungen
mich Dir zu nähern
verhallen
verpuffen
vergeblich scheinen

viele Male
wünschte ich
Du wärst beredter

meine vielen Worte
Gott
die die immer gleichen Gedanken
im Kreis spazieren fahren
meine Sicht bestätigen
an mir hängen bleiben
wie Motten an einem Licht
ohne Erleuchtung zu erlangen

viele Male
wünschtest Du
ich könnte
das Reden und das Machen
hinter mir lassen
und ganz Ohr sein

ganz Ohr und ganz Herz
für Dein beredtes
Schweigen

Du bist unser Bezugsrahmen

Du bist unser Bezugsrahmen
aus dem wir nie zu fallen vermögen

wir können tausendfach
an Dir vorbei denken
vorbei eilen
vorbei handeln
vorbei glauben

wir bewegen uns dennoch
in all unseren Bezügen
und Beziehungen
in Dir

würden wir uns nach Dir ausrichten
was wäre das für ein Glück

wie sesshaft würde der Frieden werden
wie heiter würden wir
die Tage durchschreiten

Du durchsummst mich

Du durchsummst mich
mit den Akkorden des Lebens

Du webst mich ein
in Bündeln aus Farbe und Licht

Du umschließt mich
als atmende Welle

Du zeigst mir meinen Platz
unter den Sternen

Du schreibst
zwischen den Zeilen
meiner Unaufmerksamkeit
von Deiner Liebe

so kehre ich immer wieder
zurück zu Dir
Geliebter

Du
mit dem langen Atem
der mich über mein Leben
hinaustragen wird

Es ist zu wenig

es ist zu wenig
immer mal wieder
nur einen Gedanken zu verschwenden
an Dich
wo Du Dich doch
ganz verschwenden willst
an uns

ab und zu ein bisschen glauben
ein bisschen Segen
zu besonderen Anlässen
ab und zu ein Stoßgebet
oder ein frommer Tischspruch
solange die Kinder noch klein sind
schadet ja nicht

Du aber willst
dass wir Dich
um Deiner selbst willen
in unser ganzes Wesen
aufnehmen
dass wir Dich anziehen
wie eine zweite Haut
wie ein Gewand
das jeden von uns glänzen lässt

dass wir Dich
in allen Dingen
fühlen und finden
mit jeder Faser unseres Körpers
mit jeder Facette unserer Seele

Du willst uns bewohnen
Du willst uns in Dir beheimaten

es ist zu wenig
wenn wir Dich
nur halbherzig suchen

es zu wenig
wenn wir uns Dir
nicht ganz überlassen

und dennoch

schon die Sehnsucht nach Dir
wäre ein guter Anfang für Dich

Fernbeziehung

Gott,
Du hast mir gesagt,
Du würdest so gerne dauerhaft
bei mir einziehen.
Schluss mit der Fernbeziehung.

Eigentlich will ich das auch.
Aber ich bin immer so beschäftigt.

Und ab und zu lade ich Dich ein
und Du kommst nicht.
Ich höre Dich dann nicht,
spüre Dich nicht,
finde Deine Sprache nicht.

Manchmal läufst Du so mit
wie ein treuer Hund,
störst mich nicht,
ergreifst mich nicht.

Und dann, auf einmal,
ist da die ganz große Nähe,
unverhofft, unerwartet.

Wenn Du in mich hineinschlüpfst
durch meinen Atem.
Wenn Du mein Pausenzeichen wirst
beim Schreiben, Arbeiten, Denken.
Wenn mit Dir die Sonne aufgeht
und Du mir beim Erwachen
sanft durch die Haare wuschelst.
Wenn Du mir in allem begegnest,
was ich mit Liebe ansehe.
Wenn Du mir Fragen und Hindernisse
auf meinen Weg wirfst,
an denen ich wachsen kann.

Dann bist Du doch bei mir eingezogen.

Ach bleib doch,
wenn es Abend wird.

Amen.

„Gott“ ist nur ein Arbeitstitel

Arbeitstitel „Gott“
für der, die, das
Unbeschreibliche
Unbegreifliche
Unergründliche

Arbeitstitel „Gott“
unterschiedliche Lesarten
für die, die mehr mit dem Kopf suchen
für die, die mehr mit dem Herzen suchen

ein großes Fragezeichen
den einen
ein dickes Ausrufezeichen
den anderen
für manche beides zusammen
für viele eine Leerstelle

„Gott“ ist nur ein Arbeitstitel
für den ganz Anderen

viel lieber nenne ich Ihn oder Sie
gleich beim Kosenamen
ermutigt von Jesus
der Gott so nannte:
Papa

das große Du
in dem ich mich bewege
embryonal verankert

Du Ummichherum
Du Inmirdrin
Du Tausendsassa
Du zärtliche Haut
Du Menschenflüsterer
Du Teufelskerl
Du Lieblingsgott
Du Jungbrunnen
Du Genie
Ach Du!

mit Dir reden ist immer
so viel leichter
als über Dich

geheiligt seien Deine
unzählbaren Namen

Ich begegne Dir

ich begegne Dir
in der Leichtigkeit
wenn mir die Dinge mühelos
von der Hand gehen
sich wie nebenbei die Herzkammern
mit Schätzen anfüllen
die Schatten kürzer sind als das Licht
wenn ich an der Quelle plantsche

ich begegne Dir
im Schmerz
zusammengekrümmt
oder zentnerschwer
die vernarbten, die juckenden
die aufreißenden Wunden
die bedrückenden Lücken
die endlosen Nächte

ich begegne Dir
im Überdruss
wenn ich dem Leben
nur mehr zusehen mag
neben der Spur
außen vor
so Vieles probiert, so oft gescheitert
zu lange gewartet, zu viel erhofft

ich begegne Dir
in Bewegung und Stillstand
in Fülle und Leere
in Tatkraft und Erschöpfung
und alles in allem
in der Liebe

Dir, dem Über-All-Wirksamen
Dir, dem Ohn-Mächtig-Liebenden
Dir, dem Zeiten-Sprengenden

ich begegne Dir
in mir
ich begegne mir
in Dir

Mit Gott etwas anfangen

Ob ich mit dir, Gott,
etwas anfangen kann,
werde ich gefragt.

Nein, sage ich,
mit „etwas“
will ich gar nicht erst anfangen
mit Gott anzufangen.

Ich würde gerne alles,
was ich anfange,
mit dir anfangen.

Weil dann jeder Tag
in einem anderen Licht beginnt.
Weil dann meine Freude
tiefer wurzelt.
Weil dann meine Hoffnung
nicht so schnell klein beigibt.
Weil dann sogar mein Scheitern
bei dir aufgehoben ist.

Mit Gott anfangen:
Bitte mein Leben lang
und darüber hinaus.

Denn wenn alles bei mir aufhört,
fängt es bei dir erst richtig an.

Ich bin dann mal da

es steht nichts mehr an

keine To-Do-Listen
keine Nachrichten
keine Baustellen
keine Ersatzbaustellen

die Zeit geht auf wie Hefeteig
die Luft schmeckt salzig
die Tränen sind ausgewrungen
die Sonne beschließt zu bleiben

ich komme mir selbst nicht mehr aus
ich halte mich an
ich bleib dann mal da

barfüßig betrete ich
meine windstille Seele
die mich zärtlich umwirbt:
„Komm herein, schönes Kind Gottes"

jetzt erblicke ich Dich
meine Mutter und mein Vater
im Himmel

ich weiß
Du hast lange auf mich gewartet

ich stelle Dich immer wieder hinten an
gut, dass Du alle Zeit der Welt hast
gut, dass Du mich nicht loslässt

ich bin dann mal da

Kartag

keine Worte
für meine Trauer

kein Lied
für meine Sehnsucht

keine Hand
für meinen Schmerz

wie soll ich mich aufrichten
da das Licht verschluckt wurde?

ich taste
nach einem ersten Wort

ich lausche
nach einem ersten Ton

ich strecke meine Hand aus
nach Dir

Boden, der schwankt

Boden
der schwankt

Wasser
das steigt

Nacht
die umklammert

Herz
das zerreißt

Hoffnung
die stirbt

Engel
der kommt:

Fürchte dich nicht!

Mein Gott, wie schön

Mein Gott, wie schön
dass Du mich immer noch
in erhellende Aufregung
versetzen kannst
ein ums andere Mahl.
Wenn Du Dich mir zeigst
in Deinen Gesten aus
Wein und Brot.

Du,
mein ältester, treuester, ewiger
Liebhaber,
der Du Dich mir hingibst,
mir unter die Haut gehst,
keine starken Zeichen scheust,
keine Angst,
für mich über Grenzen,
für mich in den Tod zu gehen.

Du,
mein Vollblut-Liebhaber,
ich werde rot wie der Wein,
in dem Du zu mir kommst.
Ich glühe
in Deiner Hingabe an mich.

Das wird mich lange tragen,
erfrischen,
erneuern,
ermutigen.

Wer, wenn nicht Du,
kann meinen Lebenshunger stillen?

Kaum zu glauben

wie gut
mich nicht nur auf meinen eigenen
kleinen Glauben verlassen zu müssen

zuweilen
geht ihm die Luft aus
wenn ich erschöpft bin vom Weg

zuweilen
verliere ich Dich aus den Augen
wenn auch nie ganz aus dem Sinn

dann reicht es
für eine Weile stehenzubleiben
nach innen zu sehen
meine Tür offen zu halten
Dir einen Stuhl hinzustellen

manchmal kommst Du nicht sofort
dann schickst Du jemanden voraus
einen Boten oder Zeugen

aber der Raum füllt sich bereits mit Licht
und meine Füße werden schon warm
und wenn du dann selbst kommst
wird meine Last ganz leicht

kaum zu glauben
dass Du sogar meinen Glauben
für mich übernimmst

Mit Dir schweigen

mit Dir schweigen
Gott
wie ein altes Liebespaar
händchenhaltend
auf einer Bank in der Sonne

nicht
weil wir uns nichts mehr
zu sagen haben
sondern
weil Du eh schon alles
weißt von mir
und ich nichts
wissen muss von Dir
außer
dass Du da bist

das einzige Wort
das noch Platz hätte
zwischen uns
ist „Du“

Sehenden Auges

sehenden Auges
folge ich Dir
wohin Du mich
auch führst

in blindem Vertrauen
auf Deine Liebe

Du ziehst mich an (nach Galater 3,27)

Christus
Du ziehst mich an

Christus
ich ziehe Dich an

Du mein Gewand
meine zweite
zärtliche Haut
meine beste Hälfte

das Gewand
braucht täglich
ein frisches Bad
eiskalt
und brennend zugleich
ziehe ich es mir
über meinen lauwarmen Leib

Du
Christus
bleib

Stelldichein

ein Stelldichein mit Dir
mein Gott
auf dieser Insel

eine Zeitlang
außerhalb jeder Zeit
nur wir beide
und ein paar Deiner Engel

schauen, lauschen und erzählen
anders leben

stell Dich ein
Gott
auf mich

dass ich Deine Ruhe stören
Dir hundert Fragen stellen
Deine unbekannten Gesichter
Deine unbeschreibliche Schönheit
ergründen werde

ich stell mir vor
Gott
dass Du Dich ausbreiten wirst
in meiner Unruhe
dass Du viele Fragen offenlassen
dafür mir liebend gern
zur Gegenwart werden wirst
zum Wellen-Atem
und dort

wo ich mir selbst im Weg stehe
zum Horizont in meinem Leben

stellen wir uns ein
Gott
auf zärtliche Zeiten
da ich
Deine Tochter
endlich verweilen werde
in Deinen lichtvollen Armen

Vater und Mutter im Himmel

Vater und Mutter im Himmel.

Lass uns Deinen Namen durch unser Leben
heiligen und heilige Du unser Leben.

Dein Reich des Friedens, der Liebe und der
Gerechtigkeit komme.

Was Du für uns und deine Erde willst, das soll
geschehen.
Wie es bei Dir bereits ist, so soll es auch bei uns
werden.

Gib uns das, was wir heute brauchen, um zu
leben,
Nahrung für Leib und Seele.
Und vergib uns,
wo wir anderen und Deiner Erde etwas
schuldig bleiben.

Wie auch wir vergeben denen, die uns etwas
schuldig bleiben.

Und hilf, dass wir nicht das tun, was uns und
anderen schadet,
sondern dass wir das tun, was Leben wachsen
lässt.
Befreie uns von unseren Fallstricken und
Abgründen.

Denn Du bist die Geistkraft über Himmel und Erde.
In Dir sind alle Stärke und alles Licht.
Es gibt nichts außerhalb von Dir.
Aus Dir erstrahlt der Glanz der Welt,
Ermutigung für unser Leben,
gestern, heute und für immer,

Amen.

Wenn alle Stricke reißen

wenn alle Stricke reißen
bleibt mir immer noch
mein Gott
dem ich es zutraue
auch aus zerrissenen Fasern
ein Netz zu flicken
das mich auffängt

wenn die Hoffnung
zwar zuletzt
aber dennoch stirbt
bleibt mir immer noch
mein Gott
von dem ich glaube
dass er meinen Schmerz
sieht, aushält und mitträgt

wenn es mir den Boden wegzieht
unter den Füßen
bleibt mir immer noch
mein Gott
von dem ich erbitte
dass er mir weiten Raum schenkt
in dem er selbst zu finden ist
wie ein Leuchtturm
ein Berg
ein Engel

unverrückbar
unübersehbar

es bleibt mir immer noch
mein Gott
der mich im Leben hält

So leben

so leben
dass es einen Unterschied macht
wenn wir zu Christus gehören
getauft auf seinen Namen
verwurzelt in Seiner Liebe

wir
Gottes Augen und Ohren

so leben
als hinge es allein von uns ab
das Antlitz dieser Erde
zu verändern
angetrieben von Seiner
froh und frei machenden Botschaft

wir
Gottes Arme und Hände

so leben
als läge es in keiner Weise
allein an uns
was wir tun und lassen

wir
Gottes erlöste Geschöpfe

Wir wandern mit dem Wort Gottes

wir wandern
mit dem Wort Gottes
durch das Wort Gottes
und *im* Wort Gottes

das Wort
das Wasser wurde und Sonne
Blume und Berg
Tier und Mensch

das Wort
das manche L-i-e-b-e buchstabieren

wir wandern
durch die Taten Gottes
durch ihre makellos schöne
schöpferische Handschrift

wir wandern
mit dem Segen Gottes

wir wandern
Licht
entgegen

Zum Erbarmen

Zum Erbarmen
unsere Hornhaut
die um unser Herz wächst
die uns abstumpft
für die Not der anderen
ebenso für unsere eigenen Nöte

Zum Erbarmen
unsere Taubheit
für die Zwischentöne des Lebens
die wir so schlecht nur aushalten
im Wunsch nach Eindeutigkeiten

Zum Erbarmen
unsere begrenzte Sicht auf das Morgen
unsere blinden Flecken
für Schönheit ebenso wie für unsere Balken

Zum Erbarmen
unsere Trägheit
die sich zwischen
unser Weiter-So-Leben ohne Abstriche
und das Überleben für alle legt

Zum Erbarmen
unsere Lahmheit und unsere Lähmung
das Wort zu sagen, das Werk zu tun
das Not tut

Zum Erbarmen
unser Mangel an Liebe
für uns und für unsere Nächsten

Erlösung versprochen
für uns Bittenden
am besten Schwachpunkt unserer Existenz:

der Sehnsucht
nach einem anderen Leben

mitten im Leben
macht es zwei Striche
durch unsere Rechnungen

2
Mitten im Leben
Der Jahreskreis mit Jesus Christus

Die Hebamme Gottes

die Hebamme Gottes

nicht überliefert ihr Name
unbekannt ihr Alter
ihre Beweggründe
der fremden, jungen Frau im Stall
zur Seite zu stehen

was zählt ist
sie half
den Menschensohn
zur Welt zu bringen

jeder Handgriff saß
ihre Anweisungen klar
sie wusste, was sie tat
und sie wusste doch nicht
wen sie da schließlich vor sich hatte

und wir –
Geburtshelferinnen Gottes:
wo bringen wir Gott zur Welt?

beherzt und zupackend
oder vorsichtig und sachte

mit dem Wissen
aus dem Bauch heraus
oder mehr aus der Lebens-Erfahrung

am Ende
das den Anfang schafft
zählt allein

dass Gottes Kraft und Wille
Hand und Fuß bekommen
und wachsen und gedeihen

Die Wiege der Menschlichkeit

die Wiege der Menschlichkeit
ist eine Krippe

ein Futtertrog
für unsere Sehnsucht
nach Seelennahrung
Himmelsleitern
Rettungskometen

in der Wiege der Menschlichkeit
schlummert friedvoll
die Erlösung
noch verletzlich und klein
doch schon vollkommen ausgebildet

sachte schaukelnd
wird die Schöpfung
neu geboren
fängt die Welt nochmal
von vorne an

verlegen wir uns
in die Wiege der Menschlichkeit

auf, auf
und machen die Herzen weit!

Pass auf!

pass auf!
leicht entflammbar
ist der Himmel heute!

hältst du ihm
dein Licht entgegen
wird er für dich leuchten

Wolken ziehen
wie glühende Schiffe
weit über dir vorbei

sie kommen
mit Liebe geladen
bis an sein höchsten Bord

verpass es nicht!
der Heiland kommt!

der Himmel hält Ausschau
nach deinen offenen Armen
nach deinem wachsamen Herz

Die Stunde Null

Mit Deinem ersten Atemzug
beginnt unsere Zeitrechnung.

Mein Gott,
wie kräftig Du uns
entgegenstrampelst!
Du Neugeborener im Heu.
Deine Glückshaut
ist noch unverletzt.

Es raschelt und dampft,
Mensch und Tier
unter einem Dach.
Du bist geborgen
unter einem Mantel aus Liebe.

Er wird Dich wärmen und erleuchten
bis zum bitteren Ende.

Wir sind in guter Hoffnung mit Dir,
es ist die einzig ernst zu nehmende,
die uns trägt,

dass alles nochmal
auf Anfang ist,
dass alles gut werden könnte,
dass wir uns versöhnen mit uns selbst,
miteinander,
mit Dir.

Es frohlocken die Seligen,
erbitten die Unseligen,
wagen zu träumen
die Mühseligen und Beladenen.

Es schlägt uns
die rettende
Stunde Null.

Geschichte der Weihnacht

Geschichte der Weihnacht,
wie sehr wir dich brauchen.
Eine Geschichte
über eine geweihte,
eine wundersame,
eine heilige Nacht.

Wo die Dunkelheiten der Welt
auch in unserer Zeit wieder
Geschichte schreiben.

Geschichten von Blut und Gewalt,
von Ungerechtigkeit und Angst,
von der Zerstörung der Schöpfung,
von Not, Tod und Flucht.

Und dann kommst du daher,
Weihnachtsgeschichte.

Auch du bist nicht ohne Dunkelheiten.
Aber mit dem Licht in deiner Mitte
hast du die Geschichte überdauert.

Du wirst wahr für uns,
wenn wir in dich hineingehen.
Wenn wir uns auf den Weg machen
zur Krippe.

Mit der fragenden Maria:
„Wo gibt es Raum für uns?"
Mit dem unüberhörbaren Engelschor:
„Fürchtet Euch nicht!"
Mit der unverbrüchlichen Zusage Gottes:
„Ich bin da."

Du bist so reich
an Bildern,
Weihnachtsgeschichte.
Du bist eine Einladung
an alle Menschen,
egal an was oder wen sie glauben
und was immer passiert,
Mensch zu werden,
Mensch zu bleiben.

Weil du uns davon erzählst,
dass wir aus Liebe
und zur Liebe gemacht sind.

Kein Abstand (Weihnachten 2020)

Dass Du keinen Abstand willst
zu uns,
Gott,
geht mir nicht in den Kopf.
Abstand
zu all diesem Gewusel,
zu unserer sich täglich reproduzierenden
Dummheit und schlimmer noch:
Ignoranz,
Ungerechtigkeit und schlimmer noch:
Unbelehrbarkeit.

Zwischen uns klafft doch ein Abgrund,
trotz all unserer
charmanten, menschlichen Seiten,
das musst Du doch erkennen.

Wie lange willst Du uns noch ertragen?

Auch in diesem unheilvollen Jahr
legst Du Dich mitten hinein
in Millionen von Krippen,
angewiesen
auf offene Herzen und Hände,
auf Zärtlichkeit, Schutz und Solidarität.

Warum tust Du Dir das an?
Es geht mir nicht aus dem Kopf.
Es leuchtet mir nicht ein.
Aber heute vielleicht
leuchtet es hinein,
in mein Herz.
Dein stetiges Werben
um uns.
Dein Dich-Ausliefern an uns
von der Krippe bis zum Kreuz.
Dein ungebrochener Glaube
an uns,
Deine Schöpfung.

Kein Abstand ist Dir zu wenig.
Du willst uns so nahekommen,
wie wir es zulassen.

Danke,
Du unbegreiflicher Gott!

Weiß gar nicht, wo es herkommt

weiß gar nicht
wo es herkommt
dieses rettende Dennoch
diese vorwärts blickende Trotzkraft
diese unumstößliche Zuversicht
dass alles gut wird
dass vieles schon gut ist

in all dem Dunkel
das uns in dieser Zeit umgibt
in all den Einladungen
zu Frust und Verzweiflung

inmitten erloschener Gesichter
und menschenverachtender Parolen

kann sein
ein Engel fliegt mir voran
und einer stärkt mir den Rücken
und einer trägt mich auf Händen
damit die Drachen und Nattern
mich nur an den Fußsohlen kitzeln

kann sein
ich habe einen neuen Blick bekommen
oder ich träume
wir wären schon längst erlöst

als hätte ich es bereits hell aufleuchten sehen
das ewige Licht der Weihnacht
inmitten dieser endlosen Nächte

als wäre ich schon angekommen
dort wo der Friede wohnt

O Du fröhlicher, neugeborener Gott

O Du fröhlicher, neugeborener Gott!

Zart und zärtlich strahlst Du mir entgegen.
Du Bündel an Leben, Freude und Energie.

Du stellst mein Leben auf den Kopf,
ich weiß nicht mehr, wo oben und wo unten ist.

Du lässt mich springen,
Du hältst mich auf Trab.

Und Dein Plan geht auf:
Ich lasse Dich nicht mehr gehen.
Ich drehe mich ganz um Dich.

Du bist mein Leben geworden,
Du erhellst meine Welt.

Wenn ich Dich anschaue,
fühle ich mich wie neugeboren.

Mit Deinem glucksenden Lachen,
mit Deiner strampelnden Liebe
überlässt Du Dich mir mit Haut und Haar.

Oh Du fröhlicher, neugeborener Gott!

unbequem
hölzern
eckig
verbindlich

fordert so unser Rückgrat ein

mitten im Leben
stellt es uns
auch gegen unseren Willen
an unseren Platz
vor Entscheidungen
und vor die Herausforderung
ein Mensch zu sein
und doch gemeint
in den Himmel zu wachsen

Das letzte Wort

nicht
der Tod
wird
das letzte Wort
haben

Gott
wird es haben

möglicherweise
wird es einsilbig sein

vielleicht nur
„Du“
oder
„Ja“

so kurz
und doch wird es
die Kraft haben
uns hineinzuholen
in ein neues Leben

Mitten im Leben

mitten im Leben
durchkreuzt es
unsere geraden Wege
macht zwei Striche
durch unsere Rechnungen

zeichnet die Spannungen nach
in denen wir leben
wie die aus Herz und Verstand
Wollen und Können
Haben und Sein

mitten im Leben
fordert es uns heraus
als ungebetener Weggefährte
zu unpassenden Zeitpunkten

bietet uns eine Fülle an
die wir nicht haben wollen

einen Galgenhumor
vor dem wir erschrecken

mitten im Leben
bringt es uns an Grenzen
und weist über diese hinaus
mutet sich uns zu

Was suchen wir den Lebenden

Was suchen wir
den Lebenden bei den Toten?

Was füllen wir
neuen Wein in alte Schläuche?

Was schauen wir zurück
und haften am Vergangenen?

Auferstehungen
sind quicklebendig,
hier und jetzt
mitten unter uns.

Es gibt nur Leben,
das sich stetig neu erfindet
und verwandelt.

Es gibt nur Leben,
dem Erlösung zugesagt ist.

Es gibt nur
Leben.

Wer kann das schon

das Wort zurücknehmen
das bereits eine Wunde schlug

dem ausgezehrten Säugling
das rettende Fläschchen reichen

die schmelzenden Gletscher
wieder gefrieren lassen

dem aussterbenden Vogel
einen Lebensraum erschließen

die verwüsteten Städte
zu Oasen des Lebens verwandeln

mit der unfruchtbaren Frau
ein Kind zeugen

das ersehnte Wiedersehen erleben
nach einem endgültigen Abschied

das wäre wie Sterben
und mit lebendigem Leibe
wieder auferstehen

aber wer kann das schon

Pfingsten ist …

… wenn wir über unsere Schatten springen ins Licht

… wenn wir verzeihen, obwohl wir verletzt wurden

… wenn wir mutig handeln, obwohl wir Angst haben

… wenn wir Menschen verstehen, auch wenn wir ihrer Sprache nicht mächtig sind

… wenn wir trösten und uns trösten lassen

… wenn wir unsere Herzen offen halten für Wunder

… wenn wir uns selbst nicht so wichtig nehmen

… wenn unser Tun und Denken von Liebe geleitet ist

… wenn wir uns nicht nur auf uns selbst verlassen

… wenn wir uns nicht zufriedengeben mit dem, was ist

… wenn wir aus unseren Komfortzonen aufbrechen

… wenn wir keine Rechnungen aufstellen für das, was wir für andere tun

… wenn wir Feuer und Flamme sind für die Sache Jesu

… wenn wir unsere Meinungen und Urteile über Menschen und Dinge immer wieder in Frage stellen

… wenn wir teilen, auch wenn es ans Eingemachte geht

… wenn wir unsere Gaben entfalten und damit Gutes tun

… wenn wir den Kreuzen und Galgen unseres Lebens zum Trotz Humor bewahren

… wenn wir uns zur Verfügung stellen für die Geistkraft Gottes

Durchtränkt

Durchtränkt
von fröhlicher Geistesgegenwart

beseelt
von erstaunlichen Wendungen

befeuert
vom Wandeln zum Handeln

nach so viel froher Botschaft
ist alles möglich

mit dir im Boot
du Menschenfreund

in guter Hoffnung
auf ein neues Leben
das bereits jetzt
unsere Freude vertieft
unsere Herzen verjüngt
unseren Träumen entspringt

3
In guter Hoffnung Anfang und Ende des Lebens

Ankommen

nichts
wird mehr
zwischen uns stehen

wenn meine Zeit
abgelaufen ist

wenn ich abspringe
in Deine Arme

kein Körper
keine Schwerkraft

nicht mal mehr
die Luft
da mich Dein Atem
tragen wird

meine Zweifel werden
keine Rolle mehr spielen

meine Unvollkommenheit
wird wohlwollend
begrüßt werden

wir werden
beieinander sein

von Angesicht
zu Angesicht

und nur die Liebe
werde ich mitnehmen
und sie wird zu ihrem Ursprung
zurückkehren

und nun kann
Deine Liebe
endlich
ganz und gar
ankommen
bei mir

Ein Hauch von Leben

du
ein Hauch von Leben
ein Gruß vom Himmel
ein Spross aus Liebe
ein Flügelschlag aus einer Morgenröte
der uns streifte
unsere Herzen in Brand setzte
meinen Körper veränderte

Wir waren so guter Hoffnung
auf dich
unser zweites Kind
mit deiner eigenen, kräftigen Farbe
deiner eigenen Stimme
die uns hier noch fehlte
für die wir Platz ließen
jahrelang

du
hast dich nicht an dieser
irdischen Station aufgehalten
bist bald schon weitergereist
deine Gründe sind uns unergründlich

du nahmst das Leuchten mit
meine Vision von meinem Leben
mit dir

Was du uns hinterlässt
ist ein großes Sehnen

Ach du
ein Hauch von Leben
dem viel zu schnell
der Atem ausging

Danke
dass du da warst
Danke für das Licht

Adios
mein Kind
leb wohl

Ende Gelände

am Ende deines Lebens
fehlte das Geländer

nichts konnte
deinen Absturz
aufhalten

keine menschlichen
keine himmlischen
Mächte und Gewalten

mit Gewalt
hast du dir
das Leben
an einem schmerzfreien
und lichtvollen Ort
genommen

wir sind
vor eine klaffende Lücke
gestellt

vor unbeantwortbare Fragen

du wohnst nun
in einem neuen
ewigen Anfang

du bist jetzt
in guten Händen

wir gehen hier weiter

immerhin
in deine Richtung

mit mehr oder weniger
Geländer

In guter Hoffnung

in guter Hoffnung
auf ein neues Leben

das unseren Händen
neue Aufgaben
unseren Augen
neue Sichtweisen
unseren Ohren
neue Geschichten
schenken wird

in guter Hoffnung
auf ein neues Leben

das unsere Nächte verkürzen
unsere Pläne auf den Kopf
und unsere Nerven
auf den Prüfstand
stellen wird

in guter Hoffnung
auf ein neues Leben

das bereits jetzt
unsere Freude vertieft
unsere Herzen verjüngt
unseren Träumen entspringt

in guter Hoffnung
auf dich
unser Kind

Spätsommersonntag

alles licht und leicht
an diesem Spätsommersonntag
alles scheint miteinander verbunden

jeder Grashalm mit dem nächsten
durch Spinnengarn
jeder Mensch mit seinem Nächsten
durch eine freundliche Geste

ein warmer
gleichmäßiger Friede
breitet sich über und zwischen uns aus
ein Mantel aus
altweibischer Ruhe, Weisheit und Nachsicht

der Himmel
so einladend klar, tief und nah

Spätsommersonntag der offenen Tür
für ein unverbindliches
Hinüber und Herüber

die geliebten Toten
winken uns lebendig zu
ihren frisch bepflanzten Gräbern
auf ewig entstiegen

wir winken zurück
sehnsüchtig, erfreut und beruhigt
wie gut sie aussehen
wie gut sie es haben

und doch ohne Eile
die Seiten zu wechseln
an einem Spätsommersonntag
wie heute

Herbstblatt

als Herbstblatt losgelassen werden
den alten Stamm verlassen
das geliebte Haus

schmerzlos sich lösen
willenlos die Reise antreten
farbvollendet flügge geworden
einzigartig verwandelt

als Herbstblatt über die Felder wirbeln
den durchdringenden Geruch
des Himmels aufnehmend

frei werden
weder Glück entbehrend
noch Unglück erahnend

von vertrauten Kräften getragen
vom Licht früherer Zeiten durchleuchtet

nur für den flüchtigen Augenblick
des Fliegens sein
für Schönheit und Farben

als Herbstblatt
den Winter riechen
die Kräfte langsam
dem Wind verschenkend
müde werden
immer müder
ausbleichen
und Boden gewinnen

erschöpft einsinken
mit den gezähmten Farben
in regenweiche Erde

der letzte Traum ist
anzukommen
vor Deinen Füßen
und auszuruhen
in Deiner Hand

bevor wieder das Wunder
der Verwandlung beginnt

Meine lieben Toten

meine lieben Toten
wie lang mir die Zeit wird
ohne euch
ein Wimpernschlag nur
würdet ihr sagen

das Endgültige ist
wie ein unbezwingbarer Fels
der einem plötzlich
vor die Füße knallt
mitten auf einen
gemeinsam begangenen Weg

eure Farben fehlen mir hier
ich suche sie sommers
in den wogenden Wiesen
auf denen ihr so gerne barfuß lieft
und winters
im blutorangenen Abendhimmel
von dem man sagt
die Engel backten Kuchen

ich suche eure Stimmen
in Liedern und Chorälen
ich suche eure Augen, eure Gesten
in euren Kindern
ich suche euch in Kleidern aus Licht
an euren ewigen, sicheren Orten

und doch
sehr oft ist all das nur Windhauch
für meine hungrigen Sinne

entfernt euch nicht weiter von mir
gebt mir etwas zurück
von der Liebe
die immer noch sprudelt zu euch
die ich nicht mit der Erde
in eure Gräber gegeben habe

als wäre der Fluss des Lebens
ungebrochen
als wäre er noch nicht angekommen
im Meer

Es wäre genug

wenn ich krank
müde
oder lebenssatt geworden
nichts mehr
vermöchte
als über Deine Schöpfung
zu staunen
und sie zu lieben

so wäre es Dir genug

und wenn ich alles
verloren hätte
in meinem Leben
was mir wichtig war
und teuer

außer Dich

so wünschte ich
es wäre mir genug

ich mache blau
mache mich auf
ins aufbrechende Grün

4
Geschenkter Tag
Lob der Schöpfung

Als nächstes kommt Frühling

als nächstes kommt Frühling
das lässt mich
den Winter ertragen
der sich langsam aber sicher
auf restschneezerknirschenden Sohlen
davonschleicht

es schiebt sich was
unter der Erde
es spitzelt schon Farbe durch
wenn der Frost nachlässt

es zwitschert und tschilpt bereits
in zaghaften Ansätzen

die tapferen, heimischen Vögel
singen sich ein
in allen Tonlagen

mehr Licht auch
und die Nacht
tritt täglich
Minute für Minute
den Rückzug an

unaufhaltsam
diese alljährliche Revolution
der Schöpfung

in der Tiefe jedes Winters
kann ich es mir
nie vorstellen
dass sich
die sanfte Naturgewalt
zuverlässig durchsetzen wird
gegen die Kräfte
von Tod und Starre

eigentlich sollte ich doch
mit jedem Frühling
gläubiger werden

Unverdrosselt

unverdrosselt
begrüßt der Vogel
einen neuen Morgen

schwingt sich
zu immer höheren Zweigen
und zu kühneren Melodien auf

mit dem ersten
einfallenden Licht
erhellt er federleicht
unsere Stimmung

führt uns hinein
in diesen Tag
auf einer Tonspur
der Hoffnung

Geschenkter Tag

geschenkter Tag
ich mache blau
mache mich auf
ins aufbrechende Grün

Farben bieten sich mir an
Bilder des Jahres
neu zu mischen

Kunstwerke entschlüpfen
nachgiebigen Knospen
in einem einzigen
Sich-Ins-Leben-Drängen

überall erste Atemzüge
überall raschelt, zwitschert
brummt, sirrt und flirrt es

der Tag kleidet sich festlich

wie in einen Prunksaal
trete ich in ihn hinein
als staunender Gast
voller Komplimente für das
was er für mich
so selbstverständlich
und überbordend
bereit hält

Der brennende Dornbusch

der brennende Dornbusch
gewandet sich heute
als blühende Kastanie

kerzengerade sie ist
entflammt

eine summende
duftende
neugeborene
Herrlichkeit

ich weiß
was ich zu tun habe

barfüßig und ehrfürchtig
nähere ich mich

„so bin Ich"
sprichst Du da
aus dem Summen heraus

„Ich sättige dich
Ich wiege dich
Ich brenne für dich

Ich schließe täglich neu
meinen Bund mit dir
und öffne deine Sinne für mich"

wie Mose
ringe ich später
um Worte
die Begegnung
zu beschreiben

jetzt
wo es noch
knistert und leuchtet
in mir

Ich bin ein Gefäß

In dieser endlos bewegten Weite
bin ich ein Gefäß
das sich mit Freude anfüllt
mit Gischt und Licht
mit Schaumkronenkonfetti

Ich bin ein Gefäß
das sich mit Schönheit anfüllt
mit tausenden Arten Sand
von Wind und Flut ausgeformt
und wieder und wieder verwandelt

Ich bin ein Gefäß
das sich mit Frieden anfüllt
wenn wir uns aufspannen
in göttlicher Ordnung:
die Sonne, der Horizont und ich

Ich bin zu klein
für dieses Meer aus Seligkeiten

Ich trinke die Farben

ich trinke die Farben
und esse das Licht

ich backe ein Brot
aus Momenten der Wonne

der Sommer summt mir noch
in den Ohren:
der ewige Herzschlag des Meeres
das Wogen der blonden Getreidefelder

mich berauschen
aus der Mitte der Zeit

mich warmhalten
bis zum kleinen Zeh

Mich der Flut überlassen

mich der Flut überlassen
mich der Ebbe ergeben

die Gedanken in den Wind hängen

eine Zeile in den Sand schreiben
die von der nächsten Welle
gelöscht wird

nichts ist für die Ewigkeit gemacht
alles hier ist Augenblick
Schönheit
die auf Sand gebaut ist

das Meer nimmt mich auf
wie eine Wiege ein Kind

in seinem ruhigen Wellenatem
bin ich ganz in meinem Element

die Arme weit ausbreiten
wie über mir die Möwen die Flügel

mich der Flut überlassen
mich der Ebbe ergeben

die Gedanken in den Wind hängen

ich brauche das Meer
und mehr brauche ich nicht

Ich bin dann mal da

es steht nichts mehr an

keine To-Do-Listen
keine Nachrichten
keine Baustellen
keine Ersatzbaustellen

die Zeit geht auf wie Hefeteig
die Luft schmeckt salzig
die Tränen sind ausgewrungen
die Sonne beschließt zu bleiben

ich komme mir selbst nicht mehr aus
ich halte mich an
ich bleib dann mal da

barfüßig betrete ich
meine windstille Seele
die mich zärtlich umwirbt:
„Komm herein, schönes Kind Gottes“

jetzt erblicke ich Dich
meine Mutter und mein Vater
im Himmel

ich weiß
Du hast lange auf mich gewartet
ich stelle Dich immer wieder hinten an
gut, dass Du alle Zeit der Welt hast
gut, dass Du mich nicht loslässt

ich bin dann mal da

Letzter Tanz

der Herbst lässt bitten
letzter Tanz im Goldrausch
Blatt mit Blatt

Memoiren schweben
in Leuchtschrift zu Boden
Dünger für die fröstelnde Erde

der Himmel breitet ein Märchenzelt aus

hereinspaziert alle
die Verwandlungen lieben

Sich versenken wie die Hummel

sich versenken
wie die Hummel
in den gesprenkelten Blütenkelch der Lilie
das Mark des Sommers schlürfend

sich verneigen vor der Schönheit
der feinen Blätteradern
pulsierend im Gegenlicht der Abendsonne

das Herz weit offen
für diesen köstlichen
Moment

eines unvorstellbaren Tages
werden wir uns
nicht mehr die Augen bedecken
vor einem Gegenlicht
sondern vollkommen
im Licht stehen
eingehen
aufgehen
und in Liebe
verglühen

Danksagung

Von Herzen Dank an Verena Rendtorff.

Danke, dass du so ungeheuer sorgsam meine Worte und Sätze auf die Goldwaage gelegt hast. Wir haben viele von ihnen so lange geprüft und geschliffen, bis sie noch mehr glänzten.